Zusammenspiel der beiden Pole beherrscht. Aber natürlich sind auch wir ihrem Einfluß unterworfen.

In jedem Menschen wirkt ein individuelles Kräfteverhältnis von Yin und Yang, das unsere Stimmungen, Pläne und Gesundheit bestimmt. Darüber hinaus reagieren wir auf äußere Einflüsse wie Wetter, Umgebung und Mitmenschen.

Die fünf Elemente

Alles, was wir berühren, sehen oder schmecken können, gehört zu einem der fünf Grundelemente – Holz, Feuer, Erde, Gold und Wasser.

Das Element Erde zum Beispiel wird vier Tieren zugeordnet – dem Büffel, dem Drachen, der Ziege und dem Hund. Es repräsentiert die Farbe Gelb, süße Speisen, Sehnsucht und Verlangen. Das Wirken der verschiedenen Elemente beeinflußt unser Schicksal.

Entdecken Sie Ihr Selbst

Die chinesische Astrologie kann Ihnen helfen, ein gesundes Gleichgewicht zwischen Ihrem Yin und Yang herzustellen. Sie zeigt Ihnen, welches Element Ihnen entspricht und welche Farbe, Geschmacksrichtung und welches Temperament und Körperteil Ihrem Zeichen zugeordnet sind. Aufgrund Ihrer Geburtsdaten – Jahr, Tag, Stunde – können Sie in Ihre Zukunft schauen.

Sie können herausfinden, welchen Leuten Sie sympathisch sind und welcher Beruf zu Ihrer Persönlichkeit paßt. Sie können Ihre Gefühlsschwankungen begreifen, ebenso Ihre Reaktionen auf neue Menschen und Umgebungen. Kurz gesagt: Sie erkennen, was Sie einzigartig macht.

Wahrsagestäbchen

Sehr beliebt ist in China auch die alte Wahrsagetechnik mit Stäbchen. Deren Deutung kann man in einem Orakelbuch nachlesen.

Ihr Horoskop

Im Gegensatz zum Kalender der westlichen Welt, der sich am Lauf der Sonne orientiert, richtet sich der chinesische Kalender nach dem Lauf des Mondes.

Zur Berechnung Ihres chinesischen Horoskops überprüfen Sie mit der Tabelle auf Seite 44 und 45 zunächst Ihr Geburtsjahr – vor allem, wenn Ihr Geburtstag in die ersten Monate des Jahres fällt. Das chinesische Jahr beginnt in der Regel erst im Januar oder Februar, und womöglich gehören Sie deshalb zum Vorjahr. Nicht jeder, der 1961 geboren ist, steht auch unter dem Einfluß des Büffels. Vielmehr gehören alle, die vor dem 15. Februar Geburtstag haben, zum Vorjahr, zum Jahr der Ratte.

Der Kreislauf von 60 Jahren

Die Chinesen messen die Zeit in Zyklen von 60 Jahren. Innerhalb dieser Spanne erscheinen fünfmal die zwölf chinesischen Tierkreiszeichen, allerdings jedesmal in leicht abgewandelter Form. Wenn Sie 1934 geboren sind, sind Sie ein Hund auf Wache; ist Ihr Geburtsjahr 1958, sind Sie ein Hund, der den Berg besteigt.

Monat, Tag und Stunde

Die zwölf Monate des chinesischen Kalenders lassen sich nicht mit den zwölf Monaten des westlichen Kalenders gleichsetzen, denn sie richten sich nach dem Lauf des Mondes und nicht nach dem der Sonne. In China hat ein Monat gewöhnlich 29 bis 30 Tage, und alle drei Jahre wird ein zusätzlicher Monat hinzugefügt, um mit der westlichen Kalenderrechnung Schritt zu halten. Eine chinesische Stunde entspricht zwei westlichen, und die zwölf chinesischen Stunden werden den zwölf Tierkreiszeichen zugeordnet.

Jahr, Monat und Stunde Ihrer Geburt sind die entscheidenden Faktoren in der chinesischen Astrologie. Sobald Sie sie berechnet haben, können Sie sich Ihr persönliches Horoskop erstellen.

WASSER

ERDE — GOLD

HOLZ — YIN

FEUER — YANG

Der chinesische Tierkreis

Um die Mitte, das Symbol von Yin und Yang, sind die chinesischen Schriftzeichen für die zwölf Tiere angeordnet. Der Farbstreifen symbolisiert deren Element, und der Außenring zeigt, ob sie Yin oder Yang angehören.

HUND

Mythen und Legenden

Einer chinesischen Legende zufolge wollte der Jadekaiser, der Herrscher des Himmels, die zwölf interessantesten Tiere der Erde sehen. Der Hund erhielt den elften Rang.

In China ist der Hund Gegenstand vieler traditioneller und religiöser Bräuche. Im Norden wurden am fünften Tag des fünften Monats Papierhunde in die Flüsse geworfen, damit sie die bösen Geister beißen und vertreiben. Auch den Toten wurden zu ihrem Schutz Papierhunde beigegeben. Im Süden und im Westen Chinas glaubte man, daß der Hund den Menschen den Reis beschert habe, und die Yao, eine chinesische Volksgruppe, verehrten den Hund als ihren Vorfahren.

In anderen Teilen Chinas besprühte man vermeintliche Geister mit Hundeblut, um sie in ihrer wahren Gestalt erscheinen zu lassen. Wer im Traum von einem Hund gebissen wurde, schloß daraus, daß ihn seine toten Ahnen um Nahrung bitten. Kosenamen für Hunde waren sehr selten und sind selbst im heutigen China eher ausländischen Ursprungs.

Lächelnder Grabhund
Dieser Hund aus Ton ist ein Grabfund aus der Sechsten Dynastie.

Die Hunde des Kaisers

Der Hund galt immer schon als bester Freund des Menschen. Die Verehrung jedoch und die grenzenlose Liebe, die den Hunden von Kaiser Ling Ti zuteil wurden, sind sicher ohne Beispiel. Ling Ti regierte in China von 168–189 n.Chr. Er liebte Hunde und hielt sie für intelligenter und treuer als seine Höflinge und Beamten. Seinen meistgeliebten Hund erhob er in den höchsten literarischen Rang, den es damals zu vergeben gab. Er wurde in die entsprechenden Gewänder gekleidet, die extra für ihn passend gemacht wurden. Als treuer Hund begleitete er seinen Herrn bei der Großen Prozession und saß im Rat an seiner Seite. Diese außergewöhnlichen Privilegien wurden auch seinem Weibchen gewährt. Die Hündin erhielt den Status einer Beamtengattin von hohem Rang, der eigene Dienstboten einschloß.

Da Ling Ti seine tierischen Freunde wesentlich unterhaltsamer fand als seine menschlichen Beamten, berief er weitere Hunde in offizielle Ämter. Auch diese Hunde wurden zeremoniell eingekleidet und hatten Dienstboten zu ihrer Verfügung.

Die Fassungslosigkeit der kaiserlichen Beamten, deren wohlbedachte Ratschläge ausnahmslos durch Hundegebell übertönt wurden, ist nicht überraschend. Leider sind die politischen Standpunkte der Hunde nicht überliefert worden.

Es wäre unfair, Ling Ti Wahn zu unterstellen. Er regierte immerhin erfolgreich mehr als 20 Jahre lang. Entweder hatte sein Wahnsinn Methode, oder die Ratschläge seiner Hunde waren tatsächlich gut.

Löwenhunde

Diese aubergine- und türkisfarbenen Figuren sind Löwenhunde. Sie standen als Wache vor alten chinesischen Tempeln.

HUND

Persönlichkeit

Der Hund ist absolut vertrauenswürdig und treu. Er ist stets wachsam und aufmerksam gegenüber den eigenen und den Bedürfnissen und Schwächen seiner Mitmenschen.

Hunde sind voller Verständnis für Menschen, die ihre Hilfe wirklich brauchen, aber sie reagieren kritisch auf Oberflächlichkeit, Aufdringlichkeit und Habgier. Dummheit ist ihnen ein Greuel, und wenn jemand auch nur im entferntesten anmaßend ist, weisen sie ihn freundlich, aber entschlossen in seine Schranken.

Handlungsweise

Ungeachtet aller Schwierigkeiten werden Sie immer für die Wahrheit kämpfen. Sie haben die Fähigkeit, Informationen klug zu nutzen und wirksam einzusetzen. An Machtspielchen oder aggressivem Verhalten am Arbeitsplatz sind Sie nicht im geringsten interessiert. Das Wohl Ihrer Mitmenschen ist Ihre Motivation. Auf Ungerechtigkeiten reagieren Sie empfindlich. Sie erledigen Ihre Arbeit zuverlässig und zu Ihrer eigenen Zufriedenheit, aber ohne übertriebenen Ehrgeiz.

Hund, Detailzeichnung
Dieses Gefäß mit der Darstellung eines Hundes ist in einem chinesischen Grab aus der Sechsten Dynastie entdeckt worden.

Seelenleben

Verletzlich und empfindsam von Natur aus, sind Sie sich Ihrer Schwächen durchaus kritisch bewußt. Am glücklichsten sind Sie in der Familie, unbekannte Situationen finden Sie eher entmutigend. Bevor Sie ein neues Unternehmen starten, brauchen Sie jemand, der Ihnen unter die Arme greift und Ihnen Mut macht. Dabei sind Sie durchaus nicht immer schüchtern: Sie würden nie zögern, Menschen beizustehen, an denen Ihnen wirklich liegt, und Sie haben die Fähigkeit, in fast aussichtslosen Situationen einen kühlen Kopf zu bewahren.

Ihre pessimistische Ader läßt Sie oft lauernde Katastrophen vermuten. Indessen ist nicht alles verhängnisvoll und düster, und Ihr Pessimismus ist auch eher fatalistisch als negativ. Wenn nämlich das Schlimmste passiert und sich Ihre Befürchtungen bewahrheiten, akzeptieren Sie es als den unvermeidlichen Lauf der Dinge.

Sie sind aufmerksam, gerecht und ein loyaler Gefährte. Sie stehen immer zu Ihrem Wort und würden nie jemanden betrügen, der Ihnen sein Vertrauen geschenkt hat.

Sie finden Geborgenheit in harmonischer Atmosphäre und unter Ihren engsten Freunden, denen Sie mit herzlicher Zuneigung begegnen. Ihrer Familie widmen Sie sich mit Hingabe und Begeisterung, wobei Sie eigene Wünsche oft und gern dem Wohl Ihrer Lieben opfern.

Der Hund als Kind

Als Kind reagiert der Hund-Geborene äußerst empfindsam auf seine Umgebung. Er braucht viel Liebe und Geborgenheit und ist sehr verletzlich.

Exportierter Hund
Obgleich der König-Charles-Spaniel als britisch gilt, ist dieses emaillierte, glasierte Porzellanexemplar tatsächlich chinesisches Exportgut aus dem 18. Jahrhundert.

HUND

LIEBE

DER HUND IST EIN TREUES GESCHÖPF. ER SUCHT EINE PARTNERSCHAFT, IN DER ER SICH GEBORGEN FÜHLT UND DIE AUF GEGENSEITIGEM RESPEKT BASIERT. AN FLÜCHTIGEN ABENTEUERN IST ER NICHT INTERESSIERT.

Da Sie hochgradig empfindsam und verletzlich sind, haben Sie oft Schwierigkeiten, Ihre Gefühle zu artikulieren. Sie werden folglich danach trachten, sich einen Partner zu wählen, den Sie schon kennen und dem Sie vertrauen.

Die Liebe hat es leicht, Ihr sanftes, liebenswertes Wesen völlig durcheinanderzubringen. Sollten Sie indessen an Ihrem Partner krasse, unverzeihliche Fehler entdecken, bleibt Ihnen genug gesunder Menschenverstand, die Beziehung, so schmerzhaft es auch sein mag, zu beenden. Ihre Intuition ist sehr stark, aber Sie sollten sich davor hüten, Ihrem Partner in Ihrer Phantasie Gleichgültigkeit oder gar Untreue zu unterstellen.

Pferd und Tiger passen besonders gut zu Ihnen. Das Pferd kann den Hund sehr glücklich machen, wenn er ihm genügend Freiraum gönnt. Mit dem Tiger verbindet Sie eine gegenseitige geistige wie physische Anziehungskraft.

Der Büffel, der Hase oder ein anderer Hund bieten Ihnen Geborgenheit und Zuneigung. Der Büffel allerdings enttäuscht Sie durch seinen Mangel an Romantik. Der Hase muß

Die Göttin der Liebe

Kuan Yin, einst in der chinesischen Mythologie eine männliche buddhistische Gottheit, ist heute als Sun-tsu oder Göttin der Gnade bekannt, die Kindersegen schenkt.

CHINESISCHES HOROSKOP

HUND

KWOK MAN-HO

arsEdition

Ein Dorling-Kindersley-Buch

Senior Editor Sharon Lucas
Art Editor Camilla Fox
Managing Editor Krystyna Mayer
Managing Art Editor Derek Coombes
DTP Designer Doug Miller
Production Controller Antony Heller

Illustrationen: Danuta Mayer 4, 8, 11, 17, 27, 29, 31, 33, 35; Giuliano Fornari 21; Studio Illibill 25; Jane Thomson; Sarah Ponder.

Fotografien: Steve Gorton, Eric Crichton, Mike Dunning, Jo Foord, Stephen Oliver, Tim Ridley, Clive Streeter. Unser Dank gilt The British Museum, Chinese Post Office, Percival David Foundation of Chinese Art, The Powell-Cotton Museum.

Bildnachweise: The British Museum 19 o.r.; mit freundlicher Genehmigung von The Board of Trustees of the Victoria & Albert Museum 15.

Ins Deutsche übertragen von Gisela Schilling
Printed and bound in Hong Kong

ISBN 3-7607-1168-5

INHALT

Die chinesische Astrologie 8

Ihr Horoskop 10

Mythen und Legenden 12

Persönlichkeit 14

Liebe 16

Beruf 18

Gesundheit 20

Hobbys 22

Symbole 24

Der Hund auf Wache 26

Der schläfrige Hund 28

Der Hund, der den Berg besteigt 30

Der Hund des Tempels 32

Der Hund der Familie 34

Ihr chinesischer Geburtsmonat 36

Ihr chinesischer Geburtstag 38

Ihre chinesische Geburtsstunde 40

Ihr Schicksal im Lauf der Jahre 42

Ihr chinesisches Geburtsjahr 44

Die chinesische Astrologie

Seit Jahrtausenden bedienen sich die Chinesen der Astrologie und der Religion, um zwischen Mensch und Natur ein harmonisches Verhältnis herzustellen.

Der Ursprung der zwölf Tierkreiszeichen der chinesischen Astrologie – Ratte, Büffel, Tiger, Hase, Drache, Schlange, Pferd, Ziege, Affe, Hahn, Hund und Schwein – wird wohl für immer ein Rätsel bleiben. Dennoch haben diese Symbole eine tiefe Bedeutung. Sie stehen nicht nur für allgemeine Tendenzen eines Jahres und gute oder schlechte Zeiten, sondern gelten auch als Spiegelbilder des Universums.

Symbol von Yin und Yang
Weiß steht für die weibliche Kraft des Yin und Schwarz für die männliche des Yang.

Yin und Yang

All unsere Charakterzüge und Stimmungen, unser Gesundheitszustand und unser Schicksal sind Ausdruck übergeordneter Prozesse im Universum. Die Chinesen glauben, daß alle Lebewesen und Dinge im Universum durch die dynamischen kosmischen Kräfte von Yin und Yang im Gleichgewicht gehalten werden. Yin steht für das weibliche Prinzip, für Wasser, Kühle, Mond und Regen. Yang ist das maskuline Prinzip, das Feste, die Wärme, Sonne und Erde. Nach altem Glauben entstanden aus den konzentrierten Kräften von Yin und Yang die vier Jahreszeiten und aus ihrer Aufspaltung die Vielzahl von Geschöpfen auf Erden.

So werden auch die zwölf chinesischen Tierkreiszeichen entweder mit Yin oder mit Yang verbunden. Im Winter steigt der Einfluß von Yin, während sich mit dem herannahenden Frühling wieder die Kräfte des Yang durchsetzen. Auch der Lauf eines Tages wird vom ständigen Wechsel und vom

Das Rad der Harmonie

Suchen Sie die Tierkreiszeichen, die vor dem gleichen farblichen Hintergrund abgebildet sind wie Ihres. Der Hund liegt in einem blauen Feld, paßt also am besten zu Tiger und Pferd. Das Symbol in der Mitte steht für das Glück der Zweisamkeit.

behutsam angefaßt werden; verscheuchen Sie ihn nicht mit Ihren idealistischen Ideen. Mit einem anderen Hund ist eine lebenslange, harmonische Partnerschaft durchaus denkbar, wenn es Ihnen gelingt, Ihr gegenseitiges Mißtrauen abzubauen.

Auch mit der Schlange, Ratte oder dem Schwein können Sie eine glückliche Verbindung eingehen. Sie bewundern die Weisheit der Schlange und fühlen sich bei ihr geborgen. Die Beziehung zur Ratte ist von Leidenschaft geprägt. Das optimistische Wesen des Schweins verspricht Glück und Gelassenheit.

Die Verbindung mit einem Drachen, Hahn, Affen oder einer Ziege wäre sicherlich störanfällig. Der Drache ist zu laut und oberflächlich für Ihre ruhige Art, während die Ziege eine Träumerin ist, die fast soviel grübelt wie Sie. Der Hahn ist zu barsch und zu kritisch, und der unbekümmerte Affe wird Ihren übertriebenen Idealismus langweilig und lästig finden.

Orchidee

Lan Hua, die Orchidee, ist in China die Blume der Liebe und Schönheit. Als Fruchtbarkeitssymbol bedeutet sie reichen Kindersegen.

HUND

BERUF

DER HUND IST EIN EFFIZIENTER UND INTERESSIERTER ARBEITER. ER SCHÄTZT EIN GUTES VERHÄLTNIS ZU SEINEN KOLLEGEN UND WIDMET SICH SEINEM BERUF MOTIVIERT UND ENGAGIERT.

HUBSCHRAUBER

MOBIL-TELEFON

Unternehmer

Das persönliche Engagement ist dem Hund bei seiner Arbeit sehr wichtig. Als Unternehmer wird der Beruf oft integraler Bestandteil seines Lebens.

KIRCHEN-LICHT

Sozialer Beruf

Der Beruf des Priesters würde gut zum Hund passen, denn er ist ein mitfühlender, um die Gemeinschaft besorgter Charakter.

BROT

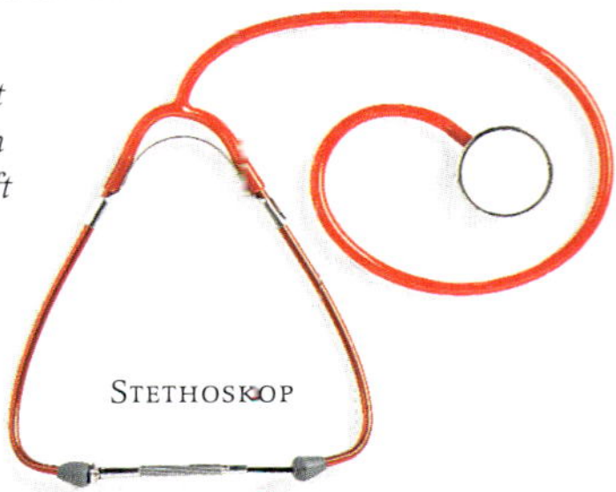

STETHOSKOP

Medizinischer Beruf

Die verantwortungsvolle Arbeit des Arztes ist für den Hund von beträchtlichem Reiz.

SHERIFF-STERN

GRABHUND, HAN-DYNASTIE

Polizeidienst

Der Hund schätzt Gesetz, Ordnung und Moral. Er strebt nach Ruhe und Frieden und nach Berufen, die die Welt ein bißchen sicherer machen. Der Polizeidienst paßt gut zu ihm.

SCHLAGSTOCK DER BAHNPOLIZEI VON 1840

WANZENSUCHGERÄT, ALS FÜLLER GETARNT, UND WANZE

Geheimagent

Spion oder Geheimagent zu sein, reizt eher die Kühneren unter den Hunden. Sie trachten dabei aber nicht nach dem glanzvollen Image dieser Karriere, sondern suchen Gerechtigkeit.

LUPE

GESUNDHEIT

YIN UND YANG SIND IM KÖRPER STÄNDIG IM FLUSS. DIE GESUNDHEIT DES MENSCHEN BERUHT AUF DEM HARMONISCHEN GLEICHGEWICHT ZWISCHEN DEN BEIDEN KRÄFTEN.

Der menschliche Körper wird von zwei Kräften beherrscht, die in uns fließen und die ein natürliches Mindest- und Höchstmaß nicht überschreiten dürfen: der Blutkreislauf, eine Yin-Kraft, und der Fluß der Körperenergie, das Ch'i, das dem Yang zugeordnet ist. Die geringste Verschiebung im Gleichgewicht von Yin und Yang im Körper kann unsere Gesundheit beeinträchtigen. Yang-Krankheiten lassen sich heilen, indem man Yin zuführt, und Krankheiten des Yin werden durch eine Yang-Therapie behandelt.

In jedem Menschen herrscht ein anderes Verhältnis von Yin und Yang. Meist hat ein temperamentvoller Mensch starke Yang-Kräfte, während ein friedlicher Mensch eher von Yin-Energien beseelt ist.

Bevor ein chinesisches Heilmittel verschrieben wird, muß die Stimmung des Patienten berücksichtigt werden. Denn auch Gefühle wie Freude, Zorn, Trauer, Fröhlichkeit, Sorge, Nachdenklichkeit und Angst sollten ausge-

Lingchih-Pilz

Auf dieser Schale aus der Ch'ing-Dynastie ist der »unsterbliche« Lingchih-Pilz abgebildet, ein Symbol für langes Leben.

Scheitelkäppchen

Dieses bitter schmeckende Kraut kann roh geschnitten oder in Reiswein gekocht verwendet werden.

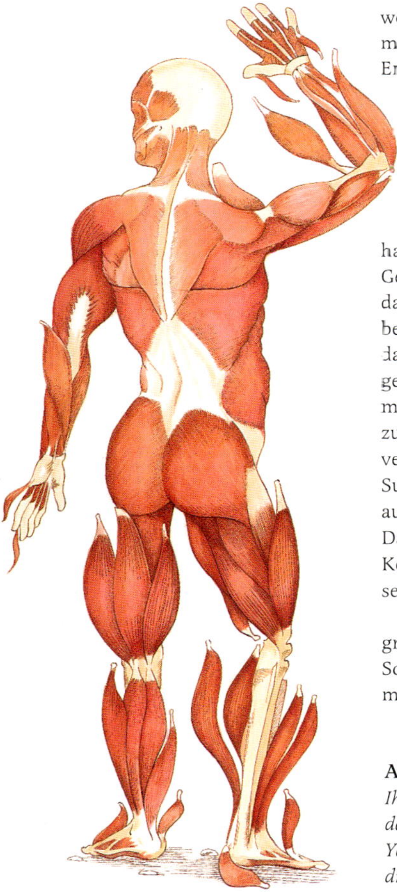

wogen bleiben. Ist dies erreicht, spricht man von einer Harmonie der sieben Empfindungen.

Dem im Jahr des Hundes Geborenen wird das Element Erde zugeordnet. Es steht mit der Milz, der Bauchspeicheldrüse, dem Magen, den Muskeln und dem Mund in Verbindung. Diese Körperpartien haben entscheidenden Einfluß auf Ihre Gesundheit. Außerdem werden Ihnen das Gefühl der Sehnsucht, eine Vorliebe für Süßspeisen und als Heilkraut das Scheitelkäppchen (Scutellaria) zugeordnet. Seine Wurzeln werden, vermischt mit Geißblatt und Forsythien, zur Behandlung von Halskrankheiten verwendet. In Verbindung mit anderen Substanzen kann das Scheitelkäppchen auch gegen Malaria, Bluthochdruck, Darmentzündungen, hohes Fieber, Kopfschmerzen und Delirium eingesetzt werden.

Die chinesische Medizin verlangt großes Können, nehmen Sie daher Scheitelkäppchen oder andere Heilmittel niemals ohne ärztlichen Rat ein.

Astrologie und Anatomie

Ihr Element Erde beeinflußt das Verdauungssystem. Der Magen ist ein Yang-Organ, die Bauchspeicheldrüse ein Yin-Organ.

HUND

HOBBYS

DER HUND HAT EINE VORLIEBE FÜR UNBERÜHRTE LANDSTRICHE UND MYSTISCHE ORTE. AM WOHLSTEN FÜHLT ER SICH JEDOCH IM KREIS DER FAMILIE, WO ER RUHE UND GEBORGENHEIT FINDET.

STOPPUHR

Reiten

Der Hund hat eine nachdenkliche Seite. Er sucht gern Ruhe und Ungestörtheit. Reiten ist ein exzellenter Zeitvertreib für ihn. Auf dem Rücken des Pferdes ist er eins mit Tier und Natur, er kann entlegene Landstriche aufsuchen oder vielleicht ein Schloß oder eine alte Ruine entdecken.

ZAUMZEUG

Rennsport

Der Hund steht nicht gern im Mittelpunkt, aber ihm gefällt die Zielstrebigkeit, die der Rennsport erfordert. Die Jagd nach Geschwindigkeit interessiert ihn dabei nicht im geringsten.

REITHAND-SCHUHE

Wohltätigkeitsveranstaltungen

Obwohl der Hund Massenveranstaltungen möglichst meidet, besucht er doch mit Freuden jede Party, die einem guten Zweck dient und an sein soziales Gewissen appelliert.

PARTY-DEKORATIONEN

SCHAUKEL-STUHL

CHINESI-SCHES PER-GAMENT

Entspannung

Der Hund hat einen guten Geschmack. Er gönnt sich gelegentlich luxuriöse Dinge wie dieses chinesische Pergament, und genießt die Abende zu Hause, wo er seine neuesten Erwerbungen in Ruhe betrachten kann.

HUND

SYMBOLE

JEDEM TIERKREISZEICHEN WIRD EINE BESTIMMTE SPEISE, HIMMELSRICHTUNG, FARBE, EMOTION, ASSOZIATION UND EIN EIGENES SYMBOL ZUGEORDNET.

GEFÄSS AUS DER MING-DYNASTIE

Farbe

In China ist der fruchtbare Boden von gelblicher Färbung. Gelb ist die Farbe, die vom Kaiser als Erstem Sohn der Erde getragen wird. Es ist auch die Farbe des Hundes. Dieses chinesische Gefäß aus dem 16. Jahrhundert stellt einen Löwenhund dar.

Speise

Die chinesische Astrologie unterscheidet fünf Geschmacksrichtungen: salzig, scharf, bitter, süß und sauer. Zum Hund gehören süße Speisen, wie etwa Cashewnüsse.

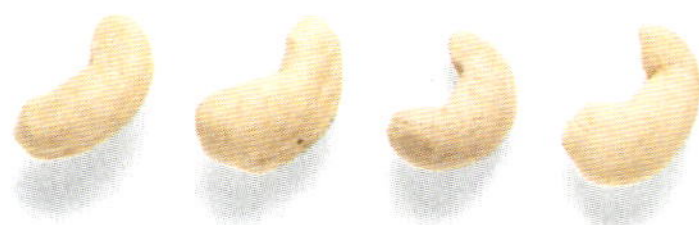

CASHEWNÜSSE

CHINESISCHER KOMPASS

AUSSCHNITT AUS EINEM STADTPLAN ROMS

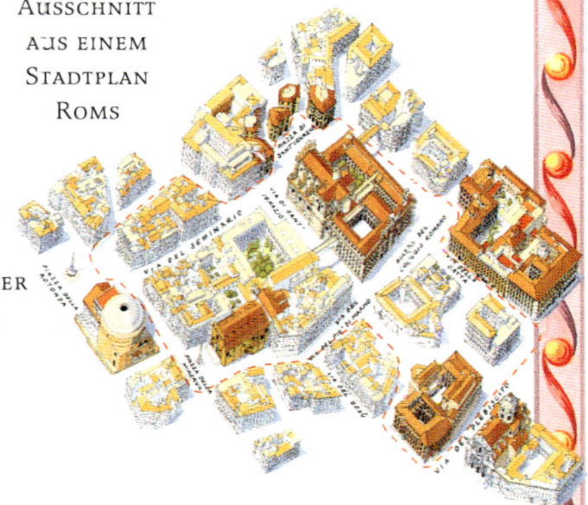

Himmelsrichtung

Der chinesische Kompaß weist nach Süden, der westliche hingegen nach Norden. Der chinesische Kompaß hat als zusätzliche Richtung die Mitte, die die Richtung des Hundes ist.

Assoziation

Hauptstädte und Großstadtleben werden mit dem Hund in Verbindung gebracht.

Symbol

Das Symbol des Hundes ist das Senkblei, mit dem man die Wassertiefe mißt.

SENKBLEI

DAS BABY HAT EINEN WUNSCH.

Emotion

Sehnsucht und Verlangen sind mit dem Hund verbunden.

Der Hund auf Wache

1934 und 1994

Die Persönlichkeit des Hundes ist eine Kombination aus hündischer Ergebenheit und grosser Unsicherheit. Glücklicherweise kann der Hund auf Wache dieses Spannungsverhältnis gut kontrollieren.

Selbst wenn Sie sich Ihrer Stärken voll bewußt sind, läßt Sie Ihre mangelnde Selbstsicherheit oft zögerlich reagieren. Da Sie aber mit einer treibenden Kraft assoziiert werden, sind Sie durchaus in der Lage, Ihre Unsicherheit zu besiegen.

Sie können Ihr Leben glücklich gestalten, wenn Sie imstande sind, die gelegentlich schwierigen Seiten des Wachhundes unter Kontrolle zu halten.

Persönlichkeit

Sie sind, wie alle Hunde, ein Gerechtigkeitsfanatiker, der hartnäckig an seinen Argumenten festhält. Ungerechtigkeit und Betrug sind Ihnen unerträglich.

Sie sind ein heftiger Debattierer und verteidigen glühend alles, was gut und richtig ist. Das kann leicht dazu führen, daß Sie andere vorschnell anklagen und ihnen nicht genügend zuhören. Vermeiden Sie es, Leute zu verärgern, die Ihnen wohlgesonnen sind, und machen Sie sich nicht auf diese etwas unglückliche Weise Feinde.

Zügeln Sie Ihre Überzeugungskraft, und lassen Sie gegnerische Argumente gelten. Solch Entgegenkommen wird Sie zu einem gesuchten Gesprächspartner machen, ohne die Stichhaltigkeit Ihrer eigenen Argumente zu schmälern.

Im Laufe Ihres Lebens werden sich in Ihrer Persönlichkeit wahrscheinlich zwei Verhaltensweisen manifestieren, eine öffentliche und eine private.

Öffentlich sind Sie gesellig und geben sich aufgeschlossen, während Sie privat viel zurückhaltender und weniger selbstbewußt sind. Inaktivität macht Sie grüblerisch, und Sie stürzen sich oft in heftige Betriebsamkeit, anstatt in al-

Hund auf Wache

ler Ruhe nachzudenken. Versuchen Sie, die gegensätzlichen, aber sich ergänzenden Aspekte Ihrer Persönlichkeit zu Ihrem Wohle zu nutzen.

Aussichten

Aufgrund Ihrer Fähigkeiten und Ihrer Bestimmung werden Sie sowohl im Beruf als auch in Ihrem sozialen Umfeld beachtlichen Erfolg haben. Der Leistungsgesellschaft fühlen Sie sich wenig verbunden. Sie sollten jedoch den Erfolg nicht verachten, sondern versuchen, ihn zu genießen, ohne dabei aber überheblich zu werden.

Sobald Sie wissen, was Ihnen wichtig ist und Sie Ihren Reichtum in einem größeren Zusammenhang betrachten, werden Sie Ihren Wohlstand und alle Annehmlichkeiten, die damit verbunden sind, gelassen genießen können.

Der schläfrige Hund

1946 und 2006

Dieser Hund ist gemütvoll und friedliebend und geniesst die wärmende Glut des heimischen Kamins. Er wird wahrscheinlich ein angenehmes, geruhsames Leben führen.

Sie haben Ihren Platz in der Gesellschaft gefunden und können sich, glücklich und zufrieden, in Ihrem gemütlichen Heim entspannen.

Vielen Hunden fällt es aber schwer, Ihre Gefühle auszudrücken. In Verbindung mit der lockeren Wesensart des schläfrigen Hundes könnte dies zu erheblichen Problemen führen. Sie könnten unachtsam und rücksichtslos werden und sich selbst, dem Partner und Ihrer Familie großen Kummer zufügen.

Weibliche Merkmale

Der weibliche schläfrige Hund ist wegen des beruhigenden Yin-Einflusses besonders vom Glück begünstigt. Er ist im Beruf und im Privatleben ausnahmslos erfolgreich und wird von allen respektiert. Ein hohes Einkommen gestattet ihm einen luxuriösen Lebensstil.

Jugend

Schläfrige Hunde werden wahrscheinlich von frühester Kindheit an ein leichtes Leben haben. Ihre Jugend verläuft ruhig, und die Schule macht ihnen kaum Probleme, auch wenn sie nicht gewillt sind, sich über Gebühr anzustrengen.

Karriere

Am Anfang sollte Ihre Karriere ruhig und stetig verlaufen, aber irgendwann werden Sie einen signifikanten Schritt machen müssen. Sie sollten sich nicht zurücklehnen und der Dinge harren, die da kommen sollen. Es ist an Ihnen, die richtigen Leute, die Ihre Bemühungen unterstützen könnten, zu finden und anzusprechen.

Wenn Sie klug und geschickt arbeiten, werden Ihnen sicher Förderung und Hilfe zuteil werden.

Schläfriger Hund

Freundschaft

Sie werden wahrscheinlich immer beliebt sein, aber wenn es Ihnen schlecht geht, werden Sie feststellen, daß sich manche Ihrer Freunde rar machen.

Finden Sie mit der Zeit heraus, wer Ihre wahren Freunde sind, und verhalten Sie sich ihnen gegenüber absolut loyal.

Familie

Sie sind ein ausgesprochener Familienmensch, wobei Sie sich vor der »hündischen Treue«, die Ihnen eigen ist, hüten sollten. Instinktiv neigen Sie dazu, Ihre Familie blindwütig zu verteidigen.

Bemühen Sie sich um Objektivität. Lassen Sie Ansichten und Meinungen Außenstehender gelten, die vielleicht Dinge sehen, die Sie vor lauter Liebe gar nicht mehr wahrnehmen können.

Partnerschaft

In Ihrer Partnerschaft fühlen Sie sich höchstwahrscheinlich sehr wohl. Sie sollten sich dennoch immer wieder bemühen, Ihre Gefühle auch auszudrücken. Nur wenn Ihr inneres Gleichgewicht stimmt, ist das der Garant für eine glückliche und dauerhafte Beziehung.

Der Hund, der den Berg besteigt

1958 und 2018

Er ist der typische Hund – vertrauensvoll und sehr treu. Das Sprichwort »Was man sät, das wird man ernten« bringt den Charakter dieses Hundes auf den Punkt.

Sie scheinen oft tatkräftig und zuversichtlich, während Sie eigentlich unsicher und unentschlossen sind. Sie mögen das als Schwäche auslegen, aber wirklich schwach sind Sie nur, wenn Sie Ihren Ängsten nachgeben.

Persönlichkeit

Sie verabscheuen jede Art von Ungerechtigkeit und verteidigen kompromißlos alles, was Sie für wahr, gerecht und richtig halten.

Ihr freundliches, liebenswertes Wesen macht Sie für Ihre Freunde zu einer nie versiegenden Quelle der Zuneigung und Hilfsbereitschaft. Sie genießen das, fühlen sich aber gelegentlich auch überfordert.

Ihr Streben nach absoluter Unabhängigkeit wird Ihnen das Leben gelegentlich schwer machen. Neben Ihren vielen Freunden und Bewunderern gibt es auch ein paar einflußreiche Gegner, denen es suspekt ist, daß Sie selbst vor Autoritäten nicht nachgeben.

Jugend

In der Schule und in den ersten Berufsjahren wird Ihnen Ihr Unabhängigkeitsstreben kaum den normalerweise üblichen Erfolg bescheren. Hier jedoch streuen Sie die kostbare Saat der Freundschaft und des Vertrauens aus, die Ihnen später im Leben reiche Ernte verspricht.

Karriere

In Ihren späteren Berufsjahren werden sich die Leute revanchieren wollen, denen Sie geholfen haben und deren Aufstieg Sie direkt gefördert haben. Sie ernten von allen Seiten viel Anerkennung und nehmen eine hohe Position ein.

Hund, der den Berg besteigt

Partnerschaft

Der Ihnen angeborene Mangel an Selbstbewußtsein könnte Ihr Gefühlsleben erheblich beeinträchtigen. Sie werden irgendwann das Risiko eingehen müssen, einen Partner tatsächlich zu fragen, ob er das Leben mit Ihnen teilen möchte. Nehmen Sie all Ihren Mut zusammen, und vertrauen Sie darauf, daß das Ergebnis besser ausfallen wird, als Sie vermuten.

Aussichten

Menschen, die immer für Gerechtigkeit kämpfen, werden gelegentlich unerträglich selbstgefällig und arrogant. Dagegen sind Sie gefeit, denn Ihre ewigen Selbstzweifel bewahren Sie vor Überheblichkeit.

Wenn es Ihnen gelingt, stets auf Ihre innere Stimme zu hören, können Sie eine beeindruckende und starke Persönlichkeit werden.

Der Hund des Tempels

1910 und 1970

Dieser Hund lebt in einer Kultstätte. Er hat die Aufgabe, dieses Heiligtum, das von Tempelschändern heimgesucht werden könnte, unter allen Umständen zu verteidigen.

Der Hund des Tempels möchte oft zwei Dinge auf einmal tun und fühlt sich oft hin- und hergerissen. Grundsätzlich wird Ihr Leben glücklich und zufrieden verlaufen, gelegentlich werden Sie jedoch auch Rückschläge zu meistern haben.

Persönlichkeit

Diese Rückschläge sind sicherlich in Ihrem Charakter begründet. Sie werden Ihnen in relativ jungen Jahren begegnen, wenn Sie noch, ohne Rücksicht auf die Folgen, für Ihre Wertvorstellungen kämpfen. Dabei können Sie sich leicht in Situationen manövrieren, aus denen Sie allein schwer einen Ausweg finden.

Manchmal werden Sie tatsächlich glauben, endgültig am Ende zu sein, aber solange Sie sich selbst treu bleiben, werden Sie immer wieder die Kraft finden, sich freizuschwimmen und zu überleben. Auf jeden Fall tragen diese Kämpfe dazu bei, Ihren Charakter zu festigen und Ihre Persönlichkeit zu formen.

Lassen Sie sich nicht unterkriegen von der hundetypischen Verdrossenheit. Nehmen Sie sie einfach als Charaktereigenschaft, mit der Sie leben müssen, und bedenken Sie, daß Ihre negativen Stimmungen nur dann ein Schwachpunkt sind, wenn Sie sich davon verunsichern lassen.

Weibliche Merkmale

Die besänftigende Wirkung des Yin-Einflusses garantiert dem weiblichen Hund des Tempels ein sehr viel leichteres Leben als dem männlichen. Obgleich mit Problemen und Schwierigkeiten konfrontiert, wird er sein Leben doch in erfreulichem Wohlstand verbringen.

Hund des Tempels

Aussichten

Alle Hunde des Tempels werden in hohem Maße Reife und Erfahrung brauchen, um eine große Herausforderung, die irgendwann im Leben zwangsläufig auf sie zukommt, klug und weise meistern zu können.

Hüten Sie sich, selbst wenn es Ihnen schwerfällt, unbekannten Personen, die Ihnen wohlgesonnen und arglos zu sein scheinen, zu schnell zu vertrauen. Diese können Sie urplötzlich in enorme Schwierigkeiten bringen. Wenn Sie der Situation jedoch mit Wachsamkeit und Entschlossenheit begegnen, werden sich Verluste und Ungemach in Grenzen halten, und Sie können die ganze Angelegenheit als Reifetest betrachten.

Da Sie Konventionen als pure Förmlichkeit betrachten, sind Ihnen gesellschaftliche Ereignisse und Feierlichkeiten ein Graus. Seien Sie nicht immer so kritisch. Sie müssen nicht gleich gegen alles zu Felde ziehen, das nicht so bedeutungsvoll ist, wie Sie es gerne hätten.

Versuchen Sie etwas geselliger zu werden, und Sie werden dadurch viele Freunde gewinnen.

Der Hund der Familie

1922 und 1982

Er ist der typische Vertreter des grosszügigen Hundes, der stets Opfergaben an Götter und Ahnen darbringt und sich über die anschliessende Belohnung freut.

Sie besitzen eine angeborene Liebenswürdigkeit und ein großherziges Wesen. Während Sie am Anfang Ihres Lebens in eher ärmlichen Verhältnissen leben, werden Sie in Ihren späteren Jahren großzügig entschädigt werden.

Persönlichkeit

Ihre größte Stärke resultiert aus Ihrer Fähigkeit, immer einen kühlen Kopf zu bewahren. Nie lassen Sie zu, daß die Dinge aus dem Ruder laufen.

Sie akzeptieren klaglos und realistisch, daß das Leben nun mal Höhen und Tiefen hat, ohne dabei zum Zyniker zu werden. In dieser Hinsicht können Sie als Lebenskünstler gelten.

Ihre sprichwörtliche Hilfsbereitschaft, die auch vor den eigenen, knappen Geldreserven nicht haltmacht, läßt Sie dennoch nie in Not geraten. Im Gegenteil, Ihr finanzieller Nachschub wäre eher in Gefahr zu versiegen, wenn Sie Ihre Freigebigkeit gewaltsam unterdrücken würden.

Andererseits verhindert Ihre Großzügigkeit, daß Sie schon früh in gesicherten finanziellen Verhältnissen leben können. Sie müssen hart arbeiten, um Ihre Familie durchzubringen und werden es vermutlich nicht zu größerem Wohlstand bringen.

Erst im Alter wird sich diese Situation höchstwahrscheinlich ändern, denn viele Menschen, denen Sie geholfen haben, werden sich auf die unterschiedlichste Art und Weise erkenntlich zeigen wollen.

Sie werden Ihre anstrengende Arbeit aufgeben können und dennoch keinen Mangel leiden, sondern den Ruhestand in vollen Zügen und bei bester Gesundheit genießen.

Hund der Familie

Karriere

Ihr stetig wachsendes Potential an Kenntnissen und Erfahrungen ist Ihren Vorgesetzten nicht verborgen geblieben und trägt zur vollen Wertschätzung Ihrer Persönlichkeit bei.

Sie gelten als zuverlässiger Mitarbeiter, der gefördert werden sollte. Für diesen Erfolg haben Sie vermutlich jahrelang hart gearbeitet, und Sie sollten nicht zögern, seine Früchte zu genießen.

Aussichten

Selbst wenn Sie in Ihrer Jugend häufig mit den Sorgen und Nöten vieler Menschen beschäftigt waren, sollte Ihr Blick in die Zukunft optimistisch sein. Ihre mittleren Jahre, die ein unablässiger Kampf zu sein scheinen, trüben ein wenig die Aussichten. Nichtsdestoweniger werden Sie im großen und ganzen finden, daß das Leben schließlich doch lebenswert ist.

Ihr chinesischer Geburtsmonat

Sehen Sie in der Tabelle Ihres Geburtsjahres nach, in welchen Monat Ihr Geburtstag fällt. Wenn Sie zum Beispiel am 30. August 1958 geboren wurden, ist es der 7. chinesische Monat.

1 Sie sind ein solider und gewissenhafter Arbeiter. Sie sind geistig brillant, aber sollten sich vor Starrsinn hüten.

2 Sie sind im Leben erfolgreich und schrecken nicht davor zurück, für Ihre Überzeugungen zu kämpfen.

3 Ihre Handlungsweise ist manchmal mißverständlich. Sie sind empfindsam und haben Stimmungsschwankungen.

4 Sie sind fleißig, aber Ihre manchmal hinterhältigen Methoden könnten Ihr Glück zunichte machen.

5 Sie kümmern sich zuviel um andere und leiden zu intensiv mit ihnen. Versuchen Sie objektiver zu sein.

6 Sie sind gesund, dynamisch und vom Glück begünstigt. Am erfolgreichsten arbeiten Sie als Ihr eigener Chef.

7 Sie haben viel Elan, verhalten sich aber manchmal etwas unfair. Arbeiten Sie an Ihrer Redlichkeit.

8 Sie sind klug und wißbegierig. Versuchen Sie jedoch Ihren Hochmut und Machthunger im Zaum zu halten.

9 Sie haben viele gute Ideen, von denen kaum eine je verwirklicht wird. Lernen Sie methodischer zu arbeiten.

10 Sie können berühmt werden, wenn Sie weniger träumen und sich ganz auf die Gegenwart konzentrieren.

11 Oft fühlen Sie sich von Gegnern eingekreist. Versuchen Sie ein paar vertrauenswürdige Freunde zu finden.

12 Sie arbeiten hart, ohne Rücksicht auf sich und andere. Doch Erfolg ohne Freundschaft führt zu Einsamkeit.

*Einige Jahre enthalten Doppelmonate:

1922: 5. Monat	1982: 4. Monat
27. Mai – 24. Juni	24. April – 22. Mai
25. Juni – 23. Juli	23. Mai – 20. Juni

2006: 7. Monat
25. Juli – 23. Aug.
24. Aug. – 21. Sept.

1910	
10. Feb. - 10. März	1
11. März - 9. April	2
10. April - 8. Mai	3
9. Mai - 6. Juni	4
7. Juni - 6. Juli	5
7. Juli - 4. Aug.	6
5. Aug. - 3. Sept.	7
4. Sept. - 2. Okt.	8
3. Okt. - 1. Nov.	9
2. Nov. - 1. Dez.	10
2. Dez. - 31. Dez.	11
1. Jan. 1911 - 29. Jan.	12

1922	
28. Jan. - 26. Feb.	1
27. Feb. - 27. März	2
28. März - 26. April	3
27. April - 26. Mai	4
*Siehe Kasten »Doppelmonate«	5
24. Juli - 22. Aug.	6
23. Aug. - 20. Sept.	7
21. Sept. - 19. Okt.	8
20. Okt. - 18. Nov.	9
19. Nov. - 17. Dez.	10
18. Dez. - 16. Jan. 1923	11
17. Jan. - 15. Feb.	12

1934	
14. Feb. - 14. März	1
15. März - 13. April	2
14. April - 12. Mai	3
13. Mai - 11. Juni	4
12. Juni - 11. Juli	5
12. Juli - 9. Aug.	6
10. Aug. - 8. Sept.	7
9. Sept. - 7. Okt.	8
8. Okt. - 6. Nov.	9
7. Nov. - 6. Dez.	10
7. Dez. - 4. Jan. 1935	11
5. Jan. - 3. Feb.	12

1946	
2. Feb. - 3. März	1
4. März - 1. April	2
2. April - 30. April	3
1. Mai - 30. Mai	4
31. Mai - 28. Juni	5
29. Juni - 27. Juli	6
28. Juli - 26. Aug.	7
27. Aug. - 24. Sept.	8
25. Sept. - 24. Okt.	9
25. Okt. - 23. Nov.	10
24. Nov. - 22. Dez.	11
23. Dez. - 21. Jan. 1947	12

1958	
18. Feb. - 19. März	1
20. März - 18. April	2
19. April - 18. Mai	3
19. Mai - 16. Juni	4
17. Juni - 16. Juli	5
17. Juli - 14. Aug.	6
15. Aug. - 12. Sept.	7
13. Sept. - 12. Okt.	8
13. Okt. - 10. Nov.	9
11. Nov. - 10. Dez.	10
11. Dez. - 8. Jan. 1959	11
9. Jan. - 7. Feb.	12

1970	
6. Feb. - 7. März	1
8. März - 5. April	2
6. April - 4. Mai	3
5. Mai - 3. Juni	4
4. Juni - 2. Juli	5
3. Juli - 1. Aug.	6
2. Aug. - 31. Aug.	7
1. Sept. - 29. Sept.	8
30. Sept. - 29. Okt.	9
30. Okt. - 28. Nov.	10
29. Nov. - 27. Dez.	11
28. Dez. - 26. Jan. 1971	12

1982	
25. Jan. - 23. Feb.	1
24. Feb. - 24. März	2
25. März - 23. April	3
*Siehe Kasten »Doppelmonate«	4
21. Juni - 20. Juli	5
21. Juli - 18. Aug	6
19. Aug. - 16. Sept.	7
17. Sept. - 16. Okt.	8
17. Okt. - 14. Nov.	9
15. Nov. - 14. Dez.	10
15. Dez. - 13. Jan. 1983	11
14. Jan. - 12. Feb.	12

1994	
10. Feb. - 11. März	1
12. März - 10. April	2
11. April - 10. Mai	3
11. Mai - 8. Juni	4
9. Juni - 8. Juli	5
9. Juli - 7. Aug.	6
8. Aug. - 5. Sept.	7
6. Sept. - 4. Okt.	8
5. Okt. - 2. Nov.	9
3. Nov. - 1. Dez.	10
2. Dez. - 31. Dez.	11
1. Jan. - 30. Jan. 1995	12

2006	
29. Jan. - 27. Feb.	1
28. Feb. - 28. März	2
29. März - 27. April	3
28. April - 26..Mai	4
27. Mai - 25. Juni	5
26. Juni - 24. Juli	6
*Siehe Kasten »Doppelmonate«	7
22. Sept. - 21. Okt.	8
22. Okt. - 20. Nov.	9
21. Nov. - 19. Dez.	10
20. Dez. - 18. Jan. 2007	11
19. Jan. - 17. Feb	12

Ihr chinesischer Geburtstag

Zunächst stellen Sie mit Hilfe der Tabelle auf Seite 37 den Beginn Ihres chinesischen Geburtsmonats fest, dann errechnen Sie anhand der hier abgebildeten Tabelle Ihren Geburtstag.

Wenn Sie am 10. Mai 1958 geboren wurden, fällt Ihr Geburtstag in den chinesischen Monat, der am 19. April beginnt. Suchen Sie unten in der Tabelle die 19. Zählen Sie von hier die Tage bis zu Ihrem Geburtstag. Bedenken Sie, daß nicht alle Monate 31 Tage haben. In unserem Beispiel sind Sie am 22. Tag des chinesischen Monats geboren. Sind Sie in einem Doppelmonat geboren, zählen Sie einfach die Tage vom ersten Tag Ihres Geburtsmonats.

1	2	3	4	5	6	7
8	9	10	11	12	13	14
15	16	17	18	19	20	21
22	23	24	25	26	27	28
29	30	31				

1., 10., 19. oder 28. Tag
Sie sind zuverlässig und verlangen viel von sich und anderen, neigen aber zu übertriebener Eile. Lassen Sie Vorsicht walten, und denken Sie nicht nur an sich. Vielleicht kommen Sie unverhofft zu Geld, trotzdem sollten Sie gut haushalten. Beruflich stehen Sie gern in der Öffentlichkeit.

2., 11., 20. oder 29. Tag
Sie sind aufrichtig und allgemein beliebt. Obwohl Sie Ruhe lieben, brauchen Sie den Umgang mit Menschen. Sie können das Leben genießen und machen das Beste daraus. Ihnen steht eine literarische oder künstlerische Karriere offen.

3., 12., 21. oder 30. Tag
Sie besitzen eine rasche Auffassungsgabe, gelten aber als schwierig, was manche Leute abschreckt. Sie sind sehr diszipliniert, kämpfen für die Wahrheit und können sich in allen Berufen mit Wettbewerbscharakter profilieren.

4., 13., 22. oder 31. Tag
Sie sind sehr warmherzig, wirken aber oft reserviert und unnahbar. Wenn Sie mehr aus sich herausgehen und kontaktfreudiger werden, können Sie bald neue Freunde gewinnen. Ihre ruhige, geduldige Art prädestiniert Sie für eine Karriere als Akademiker oder Wissenschaftler.

5., 14. oder 23. Tag
Ihre hitzköpfige Art und Ihre Sturheit hindern Sie oft daran, auf die Vorschläge oder Meinungen anderer einzugehen. Das führt nicht selten zu Streitereien und Problemen. In Geldangelegenheiten haben Sie eine glückliche Hand, nicht selten investieren Sie Ihre Gewinne in neue Projekte. Mit Ihrer angeborenen Intelligenz sind Sie auch hohen beruflichen Anforderungen gewachsen.

6., 15. oder 24. Tag
Sie haben ein offenes, heiteres Wesen und sind seelisch gefestigt. Ihr reiches Gefühlsleben fördert die Neigung zu Tagträumen. Das schafft gelegentlich Verwirrung, und Ihre Hilfsbereitschaft wird leicht durch Unentschlossenheit gelähmt. Obwohl Ihnen großer Reichtum versagt bleibt, haben Sie immer genug zum Leben.

7., 16. oder 25. Tag
Gegen ein wenig Aufregung haben Sie nichts einzuwenden, aber Sie müssen lernen, realistischer und disziplinierter zu sein. Auch als geborener Entertainer, dem kaum etwas verübelt wird, sollten Sie sich hüten, Ihre Freunde vor den Kopf zu stoßen. Im Beruf ist Ihnen Reisen wichtiger als die Höhe des Gehalts oder ein hoher Lebensstandard.

8., 17. oder 26. Tag
Sie besitzen ein gutes Urteilsvermögen, sollten aber nicht überstürzt handeln. Gelegentlich mangelt es Ihnen an Taktgefühl und Einfühlungsvermögen: Bemühen Sie sich, mehr auf andere einzugehen. Sie lernen Armut, aber auch Reichtum kennen. Ihr Unabhängigkeitsstreben, Ihre Ruhe und Entschlossenheit qualifizieren Sie für einen freien Beruf.

9., 18. oder 27. Tag
Sie sind mit Glück, Optimismus und Warmherzigkeit gesegnet. In Ihrem Tatendrang lassen Sie sich nicht von trivialen Problemen bremsen. Gelegentlich suchen Sie unnötig Streit. Bemühen Sie sich also, Ihre Launen zu mäßigen. Am besten machen Sie sich als Chef Ihrer eigenen Firma selbständig.

Ihre chinesische Geburtsstunde

Eine chinesische Stunde entspricht zwei Stunden westlicher Zeit. Jeder Doppelstunde wird eines der zwölf Tierkreiszeichen zugeordnet.

23.00–1.00 Uhr: Ratte

Sie sind unabhängig und haben ein hitziges Temperament. Überlegen Sie sorgfältig, was Sie sagen. Ihre Sparsamkeit ist im Geschäftsleben ebenso nützlich wie im Haushalt. Sie helfen gern Ihren Freunden, und diese werden es Ihnen danken.

1.00–3.00 Uhr: Büffel

Bis zum Alter von 20 Jahren könnte Ihr Leben schwierig verlaufen, aber nach dieser harten Anfangsphase haben Sie mehr Glück. Im Berufsleben sollten Sie bereit sein, Wagnisse einzugehen, wenn Sie Ihr Ziel erreichen wollen. Im Alter ist Ihnen Wohlstand beschieden.

3.00–5.00 Uhr: Tiger

Sie sind lebhaft und kreativ, was in jungen Jahren zu Familienstreitigkeiten führen kann. Zwischen dem zwanzigsten und vierzigsten Lebensjahr können Probleme auftreten. Doch danach wird sich das Glück wieder zu Ihrem Vorteil wenden.

5.00–7.00 Uhr: Hase

Ihre Eltern stehen zu Ihnen, aber mit den Geschwistern kann es zu Rivalitäten kommen. Vielleicht müssen Sie, um beruflich voranzukommen, in eine andere Stadt ziehen, fern von Freunden und Familie. Feste Beziehungen entwickeln sich langsam. Ab der Lebensmitte kommen Sie mit Ihren Mitmenschen viel besser aus.

7.00–9.00 Uhr: Drache

Sie sind aufgeweckt, entschlußfreudig und ziehen andere Menschen an. Obwohl Sie mitten im Leben stehen, fühlen Sie sich manchmal einsam. Ihr übersteigertes Selbstbewußtsein könnte sich ungünstig auf Ihre Beziehungen auswirken. Sie erreichen einen hohen Lebensstandard.

9.00–11.00 Uhr: Schlange

Mit Ihrem Talent fürs Geschäftsleben fällt es Ihnen leicht, Karriere zu machen und Ihre Familie zu ernähren. Sie sind überaus großzügig und helfen bereitwillig Ihren in Not geratenen Freunden. Achten Sie darauf, daß Unstimmigkeiten innerhalb der Familie immer schnell bereinigt werden.

11.00–13.00 Uhr: Pferd

Sie sind aktiv, klug und hartnäckig. Schlagen Sie gute Ratschläge nicht in den Wind. Sie reisen gern und lieben Abwechslung. Ein allzu extravagantes Leben könnte Sie jedoch in finanzielle Schwierigkeiten bringen.

13.00–15.00 Uhr: Ziege

Aufgrund Ihrer großen Aktivität fällt es Ihnen schwer, stabile Beziehungen zu Angehörigen, Freunden und Partnern aufzubauen. Trotz Ihrer Intelligenz dürfen Sie anderen nicht Ihre Meinung aufzwingen. In mittleren Jahren macht sich das Glück etwas rar.

15.00–17.00 Uhr: Affe

Sie geben das Geld ebenso schnell aus, wie Sie es verdienen. Sie haben eine große Anziehungskraft, aber Sie können auch Enttäuschungen bereiten. Vielleicht haben Sie von Ihren Eltern nicht genug Unterstützung erhalten. Ihre Partnerschaft ist in der Regel gut. Versuchen Sie, eventuelle Probleme möglichst schnell zu lösen.

17.00–19.00 Uhr: Hahn

Als Jugendlicher haben Sie oft Streit mit Ihrer Familie. Manchmal entsteht dadurch eine tiefe Kluft, die sich jedoch mit der Zeit sicher wieder schließen läßt. Sie sind zuverlässig, freundlich und warmherzig und würden nie absichtlich jemanden verletzen.

19.00–21.00 Uhr: Hund

Mit Ihrem Mut, Können und Fleiß sind Sie der ideale Freiberufler, und Sie werden vermutlich eine vielversprechende Karriere machen. Allerdings sollten Sie sich vor Ungeduld und Eitelkeit hüten. Lebensqualität wird Ihnen immer wichtiger sein als finanzielles Vermögen.

21.00–23.00 Uhr: Schwein

Ihre besondere Begabung liegt im Handwerklichen, und Sie stellen an sich selbst immer die höchsten Anforderungen. Trotz Ihrer Warmherzigkeit beschränkt sich Ihr Freundeskreis auf wenige Menschen. Wer Ihnen nahesteht, genießt jedoch Ihr uneingeschränktes Vertrauen. Sie sind leicht in Rage zu bringen, vergeben und vergessen aber auch schnell.

Ihr Schicksal im Lauf der Jahre

Nicht in jedem Jahr des Tierkreises geht es dem Hund gleich gut. Sie sollten sich auf die positiven Aspekte konzentrieren und dem scheinbar Negativen mit Vorsicht begegnen.

Jahr der Ratte

Das Jahr der Ratte verläuft im allgemeinen gut für Sie. Dennoch sollten Sie in dieser Zeit das Schicksal nicht unbedingt herausfordern, sondern Ihr starkes Selbstbewußtsein zügeln. Versuchen Sie sowohl beruflich als auch privat ruhig und sachlich zu bleiben.

Jahr des Büffels

Im Jahr des Büffels sind Ihre Reaktionen auf Ereignisse und das Verhalten anderer Menschen von Unsicherheit und Unentschlossenheit geprägt. Um dieses ständige Dilemma zu überstehen, sollten Sie gelassen bleiben und Ihren eigenen Rhythmus finden.

Jahr des Tigers

In diesem Jahr wird Ihnen wahrscheinlich ein Freund den Krieg erklären, was Ihnen in vielen Lebensbereichen Ärger machen wird. Ihre verläßlichen Freunde werden Ihnen aber mit Rat und Tat zur Seite stehen.

Jahr des Hasen

Eine wunderbare Zeit steht Ihnen bevor. Fast alle Lebensbereiche versprechen im Jahr des Hasen großen Erfolg. Was immer Sie in die Hand nehmen, es wird Ihnen gelingen. Sie könnten sogar reich und berühmt werden, wenn Sie es darauf anlegen.

Jahr des Drachen

Nach dem beispiellosen Erfolg des letzten Jahres ist es vielleicht unvermeidlich, daß sich im Jahr des Drachen die Mißerfolge häufen. Das ist aber kein Grund, in Panik zu verfallen. Warten Sie einfach auf bessere Zeiten, und darauf, daß das Jahr zu Ende geht.

Jahr der Schlange

Ihre Erfolgsaussichten sind beträchtlich in diesem Jahr der Schlange, allerdings um den hohen Preis vieler persönlicher Kompromisse. Achten Sie darauf, das richtige Maß zu finden und sich nicht von Ihrer Gewinnsucht überwältigen zu lassen.

Jahr des Pferdes

Das Jahr des Pferdes beschert Ihnen viele häusliche Probleme, denen Sie aber zum Glück entkommen können, wenn Sie sich in Ihre Arbeit stürzen. Die berufliche Tätigkeit wird Ihnen leichtfallen und von Erfolg gekrönt sein.

Jahr der Ziege

Dieses Jahr wird für Sie mit Hindernissen und Schwierigkeiten gespickt sein, besonders in den Anfangsmonaten. Ihre hundetypische Entschlossenheit und Bestimmtheit werden Sie aber in die Lage versetzen, dieses Jahr einigermaßen unbeschadet zu überstehen.

Jahr des Affen

Es ist ein gesellschaftlich sehr bewegtes Jahr, das Ihnen Gelegenheit geben wird, sich auf vielen Partys gut zu unterhalten. Bei aller Freude an rauschenden Festen sollten Sie allerdings ein bißchen mehr auf Ihre Gesundheit achten.

Jahr des Hahns

Obwohl Sie im Laufe dieses Jahres in allen Lebensbereichen mit Ärger und Problemen bombardiert werden, sollten Sie nicht den Mut verlieren. Denken Sie positiv, und bleiben Sie ruhig und gelassen.

Jahr des Hundes

Das Jahr des Hundes ist von gemischten Gefühlen geprägt. Einerseits werden Sie oft von nagendem Frust und Trübsinn beherrscht, andererseits ist Ihr soziales Umfeld so hervorragend, daß es alle irritierenden Schwierigkeiten kompensiert.

Jahr des Schweins

Ein überraschendes Geldgeschenk wird Ihnen in diesem Jahr große Freude machen. Für viele Menschen birgt das Jahr des Schweins große Sorgen. Sie aber haben das unbezahlbare Glück, dort erfolgreich zu sein, wo andere scheitern.

Ihr chinesisches Geburtsjahr

Ihr Tierkreiszeichen richtet sich nach Ihrem chinesischen Geburtsjahr. Dieses ist der wichtigste Schlüssel zum chinesischen Horoskop.

In der linken Spalte der Tabelle ist Ihr Geburtsjahr nach dem westlichen Kalender verzeichnet. In der rechten Spalte derselben Zeile finden Sie Ihr chinesisches Tierkreiszeichen. Achten Sie jedoch auf den Jahresbeginn in der mittleren Spalte der Tabelle, wenn Sie in den ersten Monaten des Jahres geboren sind.

Beispiel: Sie sind 1971 geboren, vermutlich also im Jahr des Schweins; liegt Ihr Geburtstag jedoch vor dem 27. Januar, gehören Sie in das Jahr des Hundes.

1900	31. Jan. - 18. Feb. 1901	Ratte
1901	19. Feb. - 7. Feb. 1902	Büffel
1902	8. Feb. - 28. Jan. 1903	Tiger
1903	29. Jan. - 15. Feb. 1904	Hase
1904	16. Feb. - 3. Feb. 1905	Drache
1905	4. Feb. - 24. Jan. 1906	Schlange
1906	25. Jan. - 12. Feb. 1907	Pferd
1907	13. Feb. - 1. Feb. 1908	Ziege
1908	2. Feb. - 21. Jan. 1909	Affe
1909	22. Jan. - 9. Feb. 1910	Hahn
1910	10. Feb. - 29. Jan. 1911	Hund
1911	30. Jan. - 17. Feb. 1912	Schwein
1912	18. Feb. - 5. Feb. 1913	Ratte
1913	6. Feb. - 25. Jan. 1914	Büffel
1914	26. Jan. - 13. Feb. 1915	Tiger
1915	14. Feb. - 2. Feb. 1916	Hase
1916	3. Feb. - 22. Jan. 1917	Drache

1917	23. Jan. - 10. Feb. 1918	Schlange
1918	11. Feb. - 31. Jan. 1919	Pferd
1919	1. Feb. - 19. Feb. 1920	Ziege
1920	20. Feb. - 7. Feb. 1921	Affe
1921	8. Feb. - 27. Jan. 1922	Hahn
1922	28. Jan. - 15. Feb. 1923	Hund
1923	16. Feb. - 4. Feb. 1924	Schwein
1924	5. Feb. - 23. Jan. 1925	Ratte
1925	24. Jan. - 12. Feb. 1926	Büffel
1926	13. Feb. - 1. Feb. 1927	Tiger
1927	2. Feb. - 22. Jan. 1928	Hase
1928	23. Jan. - 9. Feb. 1929	Drache
1929	10. Feb. - 29. Jan. 1930	Schlange
1930	30. Jan. - 16. Feb. 1931	Pferd
1931	17. Feb. - 5. Feb. 1932	Ziege
1932	6. Feb. - 25. Jan. 1933	Affe
1933	26. Jan. - 13. Feb. 1934	Hahn

1934	14. Feb. – 3. Feb. 1935	Hund
1935	4. Feb. – 23. Jan. 1936	Schwein
1936	24. Jan. – 10. Feb. 1937	Ratte
1937	11. Feb. – 30. Jan. 1938	Büffel
1938	31. Jan. – 18. Feb. 1939	Tiger
1939	19. Feb. – 7. Feb. 1940	Hase
1940	8. Feb. – 26. Jan. 1941	Drache
1941	27. Jan. – 14. Feb. 1942	Schlange
1942	15. Feb. – 4. Feb. 1943	Pferd
1943	5. Feb. – 24. Jan. 1944	Ziege
1944	24. Jan. – 12. Feb. 1945	Affe
1945	13. Feb. – 1. Feb. 1946	Hahn
1946	2. Feb. – 21. Jan. 1947	Hund
1947	22. Jan. – 9. Feb. 1948	Schwein
1948	10. Feb. – 28. Jan. 1949	Ratte
1949	29. Jan. – 16. Feb. 1950	Büffel
1950	17. Feb. – 5. Feb. 1951	Tiger
1951	6. Feb. – 26. Jan. 1952	Hase
1952	27. Jan. – 13. Feb. 1953	Drache
1953	14. Feb. – 2. Feb. 1954	Schlange
1954	3. Feb. – 23. Jan. 1955	Pferd
1955	24. Jan. – 11. Feb. 1956	Ziege
1956	12. Feb. – 30. Jan. 1957	Affe
1957	31. Jan. – 17. Feb. 1958	Hahn
1958	18. Feb. – 7. Feb. 1959	Hund
1959	8. Feb. – 27. Jan. 1960	Schwein
1960	28. Jan. – 14. Feb. 1961	Ratte
1961	15. Feb. – 4. Feb. 1962	Büffel
1962	5. Feb. – 24. Jan. 1963	Tiger
1963	25. Jan. – 12. Feb. 1964	Hase
1964	13. Feb. – 1. Feb. 1965	Drache
1965	2. Feb. – 20. Jan. 1966	Schlange
1966	21. Jan. – 8. Feb. 1967	Pferd
1967	9. Feb. – 29. Jan. 1968	Ziege
1968	30. Jan. – 16. Feb. 1969	Affe
1969	17. Feb. – 5. Feb. 1970	Hahn
1970	6. Feb. – 26. Jan. 1971	Hund

1971	27. Jan. – 14. Feb. 1972	Schwein
1972	15. Feb. – 2. Feb. 1973	Ratte
1973	3. Feb. – 22. Jan. 1974	Büffel
1974	23. Jan. – 10. Feb. 1975	Tiger
1975	11. Feb. – 30. Jan. 1976	Hase
1976	31. Jan. – 17. Feb. 1977	Drache
1977	18. Feb. – 6. Feb. 1978	Schlange
1978	7. Feb. – 27. Jan. 1979	Pferd
1979	28. Jan. – 15. Feb. 1980	Ziege
1980	16. Feb. – 4. Feb. 1981	Affe
1981	5. Feb. – 24. Jan. 1982	Hahn
1982	25. Jan. – 12. Feb. 1983	Hund
1983	13. Feb. – 1. Feb. 1984	Schwein
1984	2. Feb. – 19. Feb. 1985	Ratte
1985	20. Feb. – 8. Feb. 1986	Büffel
1986	9. Feb. – 28. Jan. 1987	Tiger
1987	29. Jan. – 16. Feb. 1988	Hase
1988	17. Feb. – 5. Feb. 1989	Drache
1989	6. Feb. – 26. Jan. 1990	Schlange
1990	27. Jan. – 14. Feb. 1991	Pferd
1991	15. Feb. – 3. Feb. 1992	Ziege
1992	4. Feb. – 22. Jan. 1993	Affe
1993	23. Jan. – 9. Feb. 1994	Hahn
1994	10. Feb. – 30. Jan. 1995	Hund
1995	31. Jan. – 18. Feb. 1996	Schwein
1996	19. Feb. – 6. Feb. 1997	Ratte
1997	7. Feb. – 27. Jan. 1998	Büffel
1998	28. Jan. – 15. Feb. 1999	Tiger
1999	16. Feb. – 4. Feb. 2000	Hase
2000	5. Feb. – 23. Jan. 2001	Drache
2001	24. Jan. – 11. Feb. 2002	Schlange
2002	12. Feb. – 31. Jan. 2003	Pferd
2003	1. Feb. – 21. Jan. 2004	Ziege
2004	22. Jan. – 8. Feb. 2005	Affe
2005	9. Feb. – 28. Jan. 2006	Hahn
2006	29. Jan. – 17. Feb. 2007	Hund
2007	18. Feb. – 6. Feb. 2008	Schwein